哲学の基本

久野昭

南窓社

ロダン「地獄の門」の一部として制作された「詩人」(1880年作)は、
後に「考える人」とよばれるようになる(パリ、ロダン美術館)。

まえがき

こういう話がある。ある哲学の教師が、学生にレポートを課した。自分で一冊、哲学書を選んで、それを読んだ感想を書いてこい、というのが出題内容である。学生のひとりが他ならぬその教師が執筆陣に加わっていた哲学入門めいた書物を取り上げて、とりわけ感銘を受けた箇所として、その教師が書いた文章を片端から引用して、最後に一言、「私も同意見です」と書いた。さて、その教師、このレポートをどのように採点したか。それは私の知るところではない。私の知っているのは、この学生と基本的にはあまり差のない哲学教師が、必ずしも世に少なからぬという現実である。

どうして、こんなことになってしまったのか。

ギリシア語で「知への愛」を意味した〈philosophia〉を、西周《にしあまね》が「希哲学」と訳したのが、この国に「哲学」という言葉の定着した発端であったことは、よく知られている。おそらく一般に「愛」がそうであるように、「知」への愛もまた、愛する主体を離れたところに対象化できるような感情たりえまい。これは、他者の介入を許さぬ、知ろうとする主体自らの、言わば自分だけの問題である。

紀元前七世紀から六世紀にかけての頃、ギリシアのデルポイのアポロン神殿に七賢人によって奉納されたと伝えられる碑銘の箴言のひとつに「汝自身を知れ（gnôthi seauton）」があり、後、この箴言を自らの心に深く銘じたのが、ヘラクレイトスやソクラテスであったことは、よく知られている。その自分自身を知ることが課題になるのが、他の何者でもない自分自身にとってであることは、明らかであろう。ヘラクレイトスやソクラテスは、この碑銘を自分自身のための箴言として受け止めたはずである。

汝自身を知るべきは汝自身である。つまり、自分自身を知るべきは自分自身である。他人が自分をどう見ているかなどということは、自分の知ったことではない。

無論、自分自身を知ることは、自分が生きていればこそ可能な作業であり、人は生きている限り、他人や世間とのかかわりを断ちきることはできない。それでもなお、これは自分自身のなすべき仕事であって、世のため、他人のためになすべき仕事ではない。自分自身を知るのは、あくまでも自分が自分自身にのみ課すべき仕事であろう。だから、私がいま書こうとしているのは、まさに私自身のためにであって、世のため人のためにではない。ならば、この「まえがき」もまた、いわば自己確認のためなのである。

同世代の多くがそうであったと思うのだが、一九四五年の敗戦が、当時満十五歳であった私にとっても、大きな転機になっている。私はいわゆる早生まれであったから、初等科を経て在学していた学習院中等科の四年生であった。当時の学習院は、私立学校でなく、宮内省の管轄下にあったが、中等科四年の我々は戦災を避けるべく、勤労動員を兼ねて、山形県鶴岡に疎開していた。私の育った東京の家は、すでに空襲によって跡形もなくなっていた。

敗戦後、両親が疎開していた愛知県に向かうことになる。列車は想像を絶する混雑であった。窓から列車に乗り込んで、日本海沿いに西に走る車内では、無論、立ち詰め。直江津、中津川と乗り換えを繰り返して、漸く名古屋に着いたのは、翌日の昼であった。

秋に入って、学業を続けるべく、東京でひとり下宿することになる。その頃には、翌年に四年次修了の資格で、第八高等学校を受験する決心をしていた。

私が小学校から大学まで、旧制の、しかも国立の教育機関で学歴を終えることができたのは、まことに幸運であった。どこかで一年遅れていたら、旧制を貫くことはできなかった。戦後日本の教育制度の新制への切り替えを、私は全く評価しない。ついでだが、日本と同じくあの戦争に敗れたドイツには、原子爆弾は投下されなかったし、日本のような学制大変革もなかった。他方、たとえば現在の日本の大学なるものは、旧制中学校の数を凌駕するとのこと、まことに凄まじい。「雨後の竹の子」という表現があるが、その雨、いつまで降り続くのか。

八高を受験するにあたって、私は、新設された文科丙類を選んだ。丙類とは、フランス語を第一外国語とするコースである。この選択の理由は、当時の常識として、大学で哲学を専攻するならば、否応なしにドイツ語が必要になろう、ならば、その前に高校でフランス語を学んでおこう、と考えたからである。結果的に、この選択は間違っていなかったと私は思っている。そして、八高卒業後、私は旧制の京都大学文学部哲学科で哲学専攻の道に進んだ。

八高在学時に私を哲学に導いてくれた、過去の著名な哲学者が、二人いる。ともに十七世紀のフランスを代表する哲学者である。ひとりはデカルト（René Descartes, 1596-1650）、もうひとりはパスカル（Blaise Pascal, 1623-1662）である。それぞれに、世間によく知られた、有名な言葉がある。

デカルトの有名な言葉とは、「私は考える。だから私は存在する」。フランス語で書かれた論文『方法叙説（*Discours de la Méthode*, 1637）』では、〈Je pense, donc je suis.〉、そのラテン語訳では、〈Ego cogito, ergo sum, sive existo.〉。そして、ラテン語で書かれた『哲学の原理（*Principia philosophiae*, 1644）』では、〈cogito, ergo sum.〉である。

パスカルの有名な言葉とは、彼の死後、『パンセ（*Pensées*, 1670）』に収められた「人間は葦、自然のうちで最も弱いものにすぎないけれども、ただし考える葦である（L'homme n'est qu'un roseau, le plus faible de la nature, mais c'est un roseau pensant.）」である。

どちらの場合も、問題になっているのは、人間の持つ「思う・考える（penser）」という心のはたらきである。その上で注意しておきたいのが、「私は考える。だから私は存在する」と言われる場合の、その「だから」の持つ重みである。「思う・考える」からこそ、「私」は存在している。思い、考えることなくして、自分という人間の存在はありえない。思うこと、考えることこそが、自分の存在根拠であり、思考が自分の存在していることを証明してくれている。思考なくしては、自分は存在しえない。

ただし、人の存在は生存と結びついている。そして、思考だけでは人は生きられない。人が生きていくには、自分が現に生きている時代や地域や社会なりに、無視できないさまざまな条件があって、それらの条件抜きには、その人の存在自体が消滅せざるをえまい。世間で「運」とよばれる生存条件もあることぐらいは、戦時下の日本を生き抜いて敗戦を迎えた者なら、たとい少年であっても心得ていた。だから私も、戦後の教育制度の、ほとんど改悪と評していい改革の影響が身に降りかかる一歩手前で、高校から大学まで旧制のまま卒業できた自らの「運」への感謝の念を、いまだに抱きつづけている。

旧制大学の学部は、三年間で卒業であった。京都大学文学部哲学科哲学専攻を卒業するに当たって私の提出した卒業論文のテーマは、「魔術的観念論の研究」であった。「魔術的観念論（Magischer Idealismus）」とは、文学史の上ではドイツ初期ロマンティークを代表するひとりであり、哲学史の上ではいわゆるドイツ観念論の流れの中に位置づけるべき思想家のひとりであったノヴァーリス（Novalis, 1772-1801. 本名は Friedrich Leopold Freiherr von Hardenberg）が自らの思想を表現した言葉である。

彼が残した数多くの断片の一つには、「哲学は本来、郷愁――どこにいてもわが家にいようとする衝動である」と書かれている。無論、その「わが家」とは、現実に「わが家」とよばれる自宅ではない。この郷愁が満たされること、「知への愛」としての「フィロソフィア」が完結することは、現実には、ありえまい。それでもなお知への愛を抱きつづけてこその「フィロソフィア」ではないのか。その覚悟のない、知ったかぶりの自称・他称哲学者の、この世になんと多いことか。そう思うと、腹が立ってくる。哲学という道は、本来、自分のため、自分のためにのみ歩むべきであると、私は信じている。

その道は、決して安易な道ではない。自分自身でその道を探して歩むということは、「知への愛」なくしては、できまい。

ここで、冒頭に挙げた哲学教師の例に戻る。それは、他者が一所懸命に考えて到達した考えに対して、いとも安直に、自分も同じ考えだと言ってのける類の手合いである。真に「知」を「愛」している者ならば、自らに問うべきであろう。その考えは、どこまで自分自身で考えたことか。その思いは、どこまで自分自身の思いなのか、を。

パスカルは『パンセ』に、こう書いている。「人間の尊厳性（dignité）の一切は、思考（pensée）のうちにある」。「思考こそが、人間を偉大ならしめる」。その思考は自分自身の思考でなければならない。


本論に移る。

哲学の基本　目次

装釘／久野桂子

哲学の基本

1　思う・考える

「まえがき」で、デカルトの『方法叙説』に出てくる「私は考える。だから私は存在する」という言葉を、引き合いに出した。原文は、〈Je pense, donc je suis.〉である。かつては、「我思う、故に我在り」と訳されるのが、普通であった。フランス語と日本語とでは、無論、一対一の対応はありえないから、〈penser〉を「思う」と訳そうが、「考える」と訳そうが、どちらでもいい。

先ずは、日本語で、「思い」の意味するところを考えてみる。

古語では、もちろん、心に思うことは、すべて「おもひ」であった。『岩波古語辞典』の「おもひ（思ひ）」の項には、「オモ（面）オヒ（覆）の約か。胸のうちに、心配・恨み・執念・望み・恋・予想などを抱いて、おもてに出さず、じっとたくわえている意が原義。ウラミが、心の中で恨む意から、恨み言を外にいう意を持つに至るように、情念を表わす語は、単に心中に抱くだけでなく、それを外部に形で示す意を表わすようになることが多いが、オモヒも、転義として心の中の感情が顔つきに表われる意を示すことがある。オモヒが内に蔵する点に中心を持つに対し、類義語ココロは、外に向って働く原動力を常に保っている点に相違がある」と、書かれている。

はたして「思ひ」が「オモ（面）オヒ（覆）の約」かどうかはともかく、たしかに、思いは安易に口に出すべきものではなく、むしろ心のうちに秘めるべきものであろう。たとえば歌舞伎に、「思い入れ」という演技がある。台詞を言わずして、身体の動きや顔の表情で心の内を表現するのだが、この演技に観客が魅力を感じるのも、思いを内に秘める態度への共感あってのことであろう。そして、この心の内面への「思い籠め」「思い包み」なくしては、その思いがいつか哲学に連なっていくことなど、到底期待できまいと、私は思っている。

「まえがき」で触れたノヴァーリスが世に知られるようになったのは、先ずドイツ初期ロマン派を代表する詩人としてであった。彼の哲学的思想が知られ、彼が「考える人」として評価されるようになったのは、後代のことである。

ここで、唐突に感じられるかもしれぬが、彼と同じく、詩人から考える人への道を歩んだ例を出しておきたい。

ロダン（Auguste Rodin, 1840-1917）は一八八〇年、「地獄の門（La Porte de l'Enfer）」の一部として、「詩人（Le Poète）」を制作した。それが、後に「考える人（Le Penseur）」とよばれるようになる。高さ一・八六メートル、横一・四四メートル、縦一・〇二メートルのブロンズ像である。

その「思う・考える」を意味するフランス語の動詞〈penser〉は、「秤る・計量する」の意のラテン語動詞〈pensare〉に由来する。ラテン語で「考える」人を意味する〈pensor〉は、秤る人〈pensor〉なのだ。その考える人自身の思いの内で、秤の役割を担えるものは、思い考える者自らの思考それ自体をおいて、他にはありえない。そして、「考える人」には、自らの考え・思いの向かおうとするところ、自らがひたすら思い考えつづけることで到達すべき地平が、自らを離れたところにありえないことも、分かっている。

「考える人」が「秤る人」であることと絡んで気になる私たちの国の言葉に、「おもんばかる」がある。漢字では「慮る」と表記されるのが普通だが、「おもんばかり」は、言うまでもなく、「おもひはかり」の音便形である。その「おもひ」は、無論、「思ひ」

であろう。「はかり」は、「計り」「量り」「抄り」でもあるが、また「秤」にも、さらに「謀り」にも通じよう。

これらの「はかり」が、漢字ではやはり「計」「量」「抄」で表記される「はか」と無縁でありえないことは、明らかであろう。「はかどる」の意味で「はかが行く」と言われる、あの「はか」である。その「はか」は、多くの場合、仕事の進み具合、進抄状態の意味で言われている。その進み具合を「はかる」とは、それを予測する、見当をつけることであろう。

「考える」は、古語では「かむがふ」であった。名詞形は「かむがへ」。漢字での表記には、「考」も使うが、また「検」や「勘」も用いられた。

その「かむがへ」は、古くは「かむかへ」と言われた。ここでも『岩波古語辞典』を援用すれば、最初の「カは、アリカ・スミカのカ。所・点の意。ムカへは両者を向き合わせる意。二つの物事をつき合わせて、その合否を調べ、ただす意」である。

また、「むかへ」は、たしかに普通は向き合わせる・対比するの意味で使われる言葉だが、古語の「むかへ」には、対象と真正面に向き合うという意味があった。思う・

考えるという心のはたらきを思い・考えるとき、私は「むかへ」のこの意味を尊重したい。

では、哲学の場合、真正面に向き合われるべき「か」は、どのような「か」なのであろうか。

「まえがき」の最後の部分で、私はノヴァーリスの断片から、「哲学は本来、郷愁――どこにいてもわが家にいようとする衝動である」を引用した。たとえば、そこで言われている「わが家」が、この「か」である。現実には満たされることのありえない郷愁としての「フィロソフィア」が、それでもなお真正面に向き合おうとしている、あの「か」である。しかも、それは自らの思考を離れた外側に存在するのではない。思いの基本的な特色は、それが自らの内奥にこそ蓄えられる点にあろう。簡単に表面化できないのが、思いの基本的特徴のひとつである。だからこそ、自らの内奥でひたすら思い考えつづけることなくして、また、そもそも自ら思うことなくして、哲学はありえない。

近頃あまり耳にしない表現だが、「思い差し」という言葉がある。この人にこそ、と決めた相手の盃に酒を注ぐことである。古くはかなり一般的な表現であったらしいことは、一六〇三年に日本耶蘇会が長崎学林で刊行した日本語・ポルトガル語辞書、『日葡辞書（*Vocabvlario da Lingoa de Iapam*）』に、「サカヅキヲヲモイザシニスル」とあることからも、間違いあるまい。その「思い差しの」思いを相手がどう受け止めるかは、思い差す側の問うところではない。

「思い思い」という表現もある。それぞれの者が、それぞれなりに、自分の思ったとおりに振る舞う様子を言う。その思いを他者がどうとらえるかは、問うところではない。

ところで、ご存知のように、現生人類の動物学上の学名は「ホモ・サピエンス（homo sapiens）」である。〈homo〉だけでも「人間」を意味するのに、それに更に「賢明な」を意味する〈sapiens〉を加えるとは、なんたる自尊心であろうか。

ここで、ついでに書いておくが、この〈sapiens〉に由来する〈sapientia〉は、そのまま「哲学」を指す名詞として使われる場合もある。それはともかく、〈sapiens〉という言葉との関連で、いま引用しておきたい『旧約聖書』の「箴言」第二十章の五節がある。『ヴルガタ聖書（*Biblia Sacra Vulgata*）』に拠って引用する。〈sicut aqua profunda sic consilium in corde viri sed homo sapiens exhauriet illud.〉日本聖書協会訳の一九五五年改訳版では、「人の心にある計りごとは深い井戸の水のようだ。しかし、さとき人はこれをくみ出す」となっている。

右の「計りごと」の「はかり」は、予測したり見当をつけたりするという意味を含んでいるはずである。とりわけ今の場合、ことは「人の心にある計りごと」にかかわる。それに、この邦語訳に出てくる「さとき」は、漢字で書けば「聡き」であろう。「聡明」の「聡」である。その「聡き」が、言葉の成り立ちという点では、「悟り」にも、また「諭し」にも通じること、言うまでもない。現代語で言えば「聡い」だが、この「聡き」は古くから存在した言葉である。『時代別国語大辞典・上代編』（三省堂）の「さとし」の項には、「物事に敏感で、理解や判断などが早く、すぐれている。サカシに近い」とある。その「サカシ」は、無論、賢明を意味する形容詞である。

「賢明な」の意味で使われる現代語の「賢い」は、「かしこし」の転義とされている。その「かしこし」は、「畏し」とも「賢し」とも表記されるが、対象への畏怖の気持ちを表現する言葉に違いない。畏怖すべき能力を持っていたり、畏敬すべき立場にある者への気持ちの表現と見るべきであろう。そのような「賢い」対象に畏敬ないし畏怖の念を抱いた者は、「かしこまる」。いささか大袈裟に言えば、身も心も縮むような思いがする。そのような思いを表現するのに、「あなかしこ」という言葉もあった。

はからずも、「はかる」から遠ざかった。ここで、「はかる」に戻る。「人の心にある計りごと」や、「おもんばかる（慮る）」すなわち「思いはかる」に含まれている、あの「はかる」である。

思いはかるには、思い自らが、自らの内奥で「はか（計・測・量・図）る」道具としての「はかり（秤）」の役割を果たさなければなるまい。無論、たやすい役割ではない。思慮それ自体を欠いては、果たせない役割である。

大陸古代の兵法書に記された一句が出典であろうが、「計り事は密なるを良しとす」という俚諺がある。密であるためには、それは思いの内奥にそっと秘められていなければならない。いま問題になっている秤も、同様である。そして、秤というものは、ただ左右にぐらついているだけでは機能しない。「計る」ための原理は、均衡である。

釣り合いと言ってもいい。思いにとっての重みの釣り合いである。しかも、計られる対象は、思いを離れて存在するのではない。そもそも、思いの特色は、面を覆うことであり、内に秘めること、内に蔵することではないか。だから、密なるを良しとする。「均衡」を「バランス（balance）」と言う。この語は、低ラテン語の〈bilanx〉に由来する。「二つの皿のある」という意味である。二つの皿のある装置と言えば、言わずと知れた秤である。秤は、二つの皿の重さが釣り合うこと、まさにバランスが保たれることによってこそ、その役割を発揮する。

十二世紀、その「二つの皿のある」の意味の〈bilanx〉から、〈bilancia〉という語が派生した。この〈bilancia〉が変化して、やがて〈balance〉が登場することになる。

秤の場合は、皿と皿とのバランスを保つことが必要だが、思いの場合は、そう簡単には行かない。思いの辿るべき道は、たとえば遊動円木に似ている。遊動円木とは、丸太が前後に揺れ動くように、鉄の鎖で低く吊り下げた遊具である。丸太が長いほど、その上を渡りきることは難しい。前後に揺れている丸太の上を、両腕を横に拡げて進むのだが、これを渡り切るのに必要なのは、横に伸ばした腕と腕とのバランスであり、また体重を支えながら進むべき足と足とのバランスであろう。では、思いの場合、その腕と足の役割を担うのは、何であろうか。

思うこと、考えることは、言葉なしにはありえまい。感じるだけなら、必ずしも言葉を必要とはすまい。だが、思い考える場合は違う。人は言葉で思い、言葉で考える。思考の秤皿に載っているのは、言葉である。思い考える人にとって、言葉は単なる表現手段ではありえない。

「ことば」の「こと」に相当する漢字は、「言」「事」であろう。古くは、「言」も「事」も、どちらも同じ「こと」であった。そして、「ことば」の語源は「こと（言）」の「は（端）」である。それが「端」であるのは、言わば口先だけの、つまりほんの端《はし》だけでの表現でしかないからである。だが、それにもかかわらず、思う人・考える者にとって、言葉は大切である。なぜなら、人は言葉で考えるからだ。また、言葉なしには、考えられないからだ。さらに、自分の思い考えた内容も、言葉でしか他者に伝えられないからである。

言葉を意味するラテン語は、〈lingua〉である。この女性名詞は、言語の意味だけでなく、舌や弁舌、さらには喋り好きの意味でも用いられた。この名詞から出た語に、〈linguarium〉があるが、これはお喋りの罰金のことである。〈lingua〉が「舌」の意味を持つことから推測できるように、この語と同根の動詞〈lingo〉は、「舐めつくす」の意味を持つ。

右のラテン語名詞から、フランスで、言葉という意味、喋ることという意味を持つ〈langue〉や〈language〉が使われるようになったのは、十世紀に入ってのことである。ただし、思い考える人に必要なのは、喋ることではない。喋るとは、もともと、騒々しくまくしたてることであった。必要なのは、言葉をいわば手掛かりに、「は（葉・端）」から、思考それ自体にとって基本的な「こと」に向かって、「面覆《おもおお》い」つつ、ひたすら思い考えつづけること以外には、ありえないはずである。それが、知への愛に促されて思い考えつづける人にとって、最も必要な、また最も基本的な姿勢ではないであろうか。このような姿勢を、フランス語では〈aller jusqu'au bout de sa pensée〉と表現する。自分の思い・考えを突き詰める、ありとあらゆることを思い考える、という意味である。

では、日本語では、どうか。白川静の『字訓』の「かむがふ」の項には、こう書かれている。「両者を比較しながら、その長短を察すること。ことの真偽をしらべることが、古い語義であった。『か』は『すみか』『ありか』の『か』で、特定の場所を意味する。『むかふ』は『向ふ』『対ふ』、両者を合せて比較することをいう。『古事記伝』にみえる説である。仮名書きの例がなく、古訓の例のみである。考えることは、『おもふ』『はかる』『慮《おもんぱか》る』といった」。

同じく『字訓』の「おもふ」の項には、「胸のうちに深く思うて、外にあらわすことのない考えごとをする。ひとり心のうちに抱く感情を言う。しかしそのような感情は、どうしても顔にあらわれやすいものであるから、もとは『面《おも》』と同根の語であろう。そのような心理を持つ語として理解され、他の動詞・形容詞と複合して用いることも多い」とある。「おもひはかる」の項には、「さきざきのことを思いめぐらし、考える。あらかじめ対策を立てることをいう。『思ひ計る』意。のち『おもんばかる』となる」と書かれている。

『岩波古語辞典』の「かむがへ」の項も、『字訓』の「かむがふ」の項と同様に「か」

を「すみか」「ありか」の「か」と捉えて、所・点の意とした上で、「むかへ」は「両者を向き合わせる意。二つの物事をつき合わせて、その合否を調べ、ただす」ことだと説明している。

これらの例から見えてくるのは、思考が自ら求める「か」に到達するためには、あたかも揺れ動く遊動円木の上を歩く者が、両手を拡げてバランスを保ちながら進んで行くような、あるいは秤の二つの皿が同じ高さで釣り合って静止するような、そういう姿勢が、思考それ自体に必要だということではないか。比べるとは、そういう姿勢をとることだと、私は思っている。そして、ここでは、「かたより（片寄り・偏り）」は避けるべきであろう。

思い考える人の向かうべき「か」は、その人の思考の内奥にあって、その人の思考を離れた、偏った場には想定しえない。その人の思考は、まさにその人自身の思いであり考えであるべきであって、誰か他人の思ったこと、考えたことを、いかにも自分自身で思い考えたかのように、平然と口にして憚らない者は、破廉恥であり、そもそも思考とは全く無縁な、盗人でしかない。まことに遺憾ながら、世にこの種の盗人の、なんとしきりに横行していることであろうか。そのような盗人の横行という点では、お察しのとおり、自称・他称の哲学者（知を愛する者）たちの世界もまた、例外たりえない。ほとんど自分で真剣に思い考えることができていない者が、いかに大手を振って、哲学者を演じていることか。

「聖賢」という言葉がある。聖人と賢人とである。聖人と賢人とでは、無論、聖人の方が格が上だし、世に聖人など滅多に居るはずもない。だから、無理に聖人になる必要もない。「賢し」は「さかし」とも「かしこし」とも訓むが、物事に動じず自分を見失わない程度の判断力があれば、「賢し」と評してよかろう。その「賢し」の自信が災いして、他人にお節介を焼けば、「さかしら」、すなわち「賢ぶっている」と評されることになる。そう評されない程度に、賢さは人前に出さない方がいいし、そもそも他人に見せるべきものでもない。賢いことと、賢こぶることとは、全く違う。思い考える人にとっては、賢さは自らの思考の内にこそ求めるべき性質のものではないか。

現生人類の学名は、ご承知のとおり「ホモ・サピエンス（homo sapiens）」であるが、この「サピエンス（sapiens）」というラテン語は、「賢い」の意味であり、「賢明である」ことを意味する動詞〈sapio〉から出ている。

ところで、「賢《かしこ》」と言えば、宮中の賢所を連想なさる読者もあろう。宮中では、ここに天照大神の御霊代の神鏡が奉安されている。そこが賢所と呼ばれる、その「賢」の意味するところは、無論、普通の意味での賢さではない。そこが畏敬すべき、また畏怖すべき、つまりは畏まるべき場であることの表現ではないか。他方、思考にとって畏まるべき場は、思考を離れては存在しえない。

さて、先に「思い考える」に関連して、「慮《おもんぱか》る」という言葉の意味を考えたとき、私は、思慮が自らの内奥でいわば「秤《はかり》」の役割を果たさねばならないこと、そしてその秤の原理が均衡、バランスにあることに触れた。

秤にも多様な種類があるが、ここで、二つの秤皿を持つ秤を思い描いてみる。片方の皿に、その重さを知りたい何かが載せられる。もう片方の皿には錘《おもり》が載せられる。その二つの皿が見比べられ、均衡を保っていることが確認されたとき、秤の目的が達成される。ここでは、比べるということが、大きな意味を持つ。思考それ自体の問題としては、思い比べる、おもんばかる（慮る）という作用である。

ここで思い出されるのが、シェイクスピアの『ハムレット（*Hamlet*）』に出てくる、あの有名な台詞である。〈To be, or not to be, that is the question.〉日本語では、「生きていくか、死ぬべきか、それが問題だ」など、さまざまに訳されているが、「在るべきか、在らざるべきか、それが問題だ」と訳しておく。ハムレットはここで、思い比べ、おもんばかっている。〈to be〉と〈not to be〉とを、思考の秤にかけつつ、思い悩んでいる。そのおもんばかり（慮り）の結果は、無論、台詞には出てこない。他の登場人物の台詞にも出てこない。なぜなら、思考を他人に代わってもらうことはできないからである。あくまでも、自分自身の思考の中でこそ、思考のはたらきは意味を持つ。

２　知る・わかる

たとえば、『万葉集』巻第六に収められた山部赤人の歌（第九三三番）の中に、「難波《なには》の宮に　我《わ》ご大君　国知らすらし　御食《みけ》つ国」という表現が出てくる。この「知らすらし」とは、どういう意味だろう。同じ歌集の巻第十八に出てくる大伴家持の歌（第四〇九八番）の冒頭にも、「高御座《たかみくら》天《あま》の日継《ひつぎ》と　天《あめ》の下　知らしめしける　すめろきの　神の命《みこと》」という表現がある。この「知らしめしける」とは、どういう意味だろう。

どちらも天皇にかかわる事柄であるから、敬語的表現であろうことは推測できる。尊敬の念がなければ、「知る」だけでいい。そして、古語の「知る」には、たしかに、「治める」「領有する」、「取り仕切る」の意味があった。と言うより、敬語的表現においては、もっぱらその意味で用いられた言葉であった。

天皇に関連して『万葉集』に出てくる「しらす（知らす）」という表現には、「領らす」、すなわち「統治する、領有する、我がものにする」の意味で使われる例が、きわめて多い。巻第十九の第四二六六番に見られる「あをによし　奈良の都に　万代《よろづよ》に国知らさむと　やすみしし　我が大君の」のような表現である。

上代語の「し（知）る」には、「領有する・統治する」の意味もあったし、また現代語の「知る」と同様、「精通している」の意味もあった。たとえば『万葉集』巻第五冒頭第七九三番に出てくる、「世間《よのなか》は　空《むな》しきものと　知る時し　いよよますます悲しかりけり」の「知る」が、そうである。

ただし、その「知る」にしても、単に他人の知識の受け売りだけでは、真に知っていることにはなるまい。やはり、自分のものになっていること、自分の占《し》るところであることが、肝要ではないか。

俚諺に「知るが煩悩」と言い、また「知らぬが仏」とも言うが、たとい煩悩であってもよい。また、死に至る病であってもよい。どうせ人が死んで成仏したときには、もうその人の思考は停止してしまっていよう。煩悩は人を迷いの世界に引きずりこむが、思い考える人は、他人の書いた案内板などに頼らず、迷いながらも、自ら思い考えつつ、自らの道を切り拓いて進むべきではないか。そのようにして進んだ道だけが、思い考える人自身の「知り」、また「占る」道であることができよう。

先に「賢い」という表現に触れて、現生人類を表す学名「ホモ・サピエンス」の「サピエンス〈sapiens〉」が、「賢い」の意であることに触れた。このラテン語形容詞は、動詞〈sapio（不定法ではsapere）〉に由来し、この動詞は、嗅ぐ、味わう、味を知る、理解する、賢明である、洞察眼がある、さらには、風味がある、等々の意味を持つ。その〈sapio〉を語源として、「知る」を意味するフランス語の動詞〈savoir〉は、登場した。

この〈savoir〉との関連で、ここで触れておきたいのだが、フランスにジョゼフ・ジョベール（Joseph Joubert, 1754–1824）というモラリストがいた。一体、モラリスト（moraliste）を、どう訳すべきか。モンテーニュ、パスカル、ラ・ブリュイエール、モンテスキュー等々、十六世紀から十八世紀にかけて世にモラリストとよばれていた思想家たちのことを道徳家、道学者とよんだのでは、ぴったりしない。人間探究家では、大袈裟すぎよう。だから仕方なく、そのままモラリストとしておくが、ジョベールの死後にその遺稿が編集されて、『思想・エッセー・箴言集（*Pensées, essais, maximes*, 1842）』の表題で出版された。中に、「知るとは、自分の内に見ることである（Savoir, c'est voir en soi.）」という一文がある。「知る」ことを知っている者の言葉と、私には思われるのだが。

さて、「知」に当たるギリシア語の名詞は、「ソフィア」。ギリシア文字で書いておけば、〈σοφια〉、ローマ字で書けば〈sophia〉である。この名詞は、とりわけ「能力」の意味で用いられた。第一には、特に手仕事において発揮される能力。第二には、ハープを弾いたり笛を吹いたりする能力。第三には、詩を作る能力、すなわち詩才である。だが、この名詞には、まだまだ別の意味もあった。さまざまな場面での実践的な智慧、才能、手腕、器用さ。それに加えて、知識、学問、とりわけ哲学の意味である。

この名詞から出た語に、「ソフィステイア（sophisteia）」がある。うまく人を欺く能力、そして詭弁術を意味する。そのような術にたけた連中が、ご存知、悪い意味での「ソフィスト」なのだが、その「ソフィスト」は、無論、悪い意味だけで使われた言葉ではない。ある術に秀でた者は、ギリシア語ではすべて「ソフィステース（sophistes）」とよばれた。つまり、「知者」であり「智者」であったのだ。それなのに、悪い意味だけが独り立ちするとは、いささか嘆かわしい。ただし、思考の持つ「知る」はたらきから離れて、その結果だけが、思考の主体とは無縁に勝手に動き回るのは、必ずしも珍しいことではない。世に悪賢い手合いの多いのは、なにも古代ギリシアだけのことではあるまい。

「賢くする」、「悪賢くする」、また「悪賢くなる」を意味した、〈sophizo〉という、ギリシア語の動詞がある。語の綴りから見ても、「ソフィア（sophia）」が元になっていることは明らかであろう。たしかに智慧にも、さまざまな使い方があるものである。そのような言葉をもうひとつ挙げておけば、「ソフィスマ（sophisma）」とは巧妙な手練手管でもあれば、また器用な才能でもあった。

ここで、ソフィアすなわち「知」との関連で、ドイツ語の場合にも触れておきたい。ドイツ語で「知る・知っている」に当たるのは、〈wissen〉である。その〈wissen〉の古い完了分詞〈gewiß〉は、現代でも形容詞として、「確実な」「既知の」「或る」といった意味で使われている。さらに、明らかに〈wissen〉と同根の名詞では、〈Gewissen〉が良心、道徳的意識、〈Witz〉が才気、機智、そして形容詞の〈weise〉は、賢明であることを意味する。名詞の〈Weise〉は、やり方、見方、状態、態度、等々の意味で使われている。これらの言葉に共通するのは、やはり「知」のはたらきではないであろうか。なお、ここに列挙した〈wissen〉系の単語は、すべてラテン語の〈video〉（不定法では〈videre〉）の縁者たちである。その〈video〉は、本来は、眼力のあることを意味する動詞であった。ここでも、見ることと知ることとは、根底で深く結びついている。

さて、ことの真偽は今となっては確かめようもないが、「哲学」の原義で「知への愛」の意味の〈philosophia〉という言葉を、作品中に初めて登場させたのは、キケロ（Marcus Tullius Cicero, BC106-43：*Tusculanae disputations*『トゥスクルム荘談論』）だったと、伝えられている。

また、紀元前六世紀、ピタゴラスが、〈sophos〉すなわち知者と呼ばれるのを嫌って、「知を愛する者（philosophos）と呼ばれることを願った」という話もあるが、これも今となっては、真偽の程は確かめようがない。ただし、このように事柄の真偽の程の確かめようのない、それ程に古い時代から、いや、もっと古い時代から続いてきた知（sophia）への愛（philia）の歴史を、現代の我々は前にしている。

ところで、我々の思考は、言葉を手掛かりとし、通路とし、表現手段としている。

言葉なくしては、人は思い考えることができない。とすれば、日本人の思考においては、日本語が大きな役割をになうはずである。その日本語で、「知る」とは、本来、その対象を「占《し》る」、自分のものたらしめる意味であったことは、すでに述べた。「知る」ために必要な眼がある。無論、外界に向けられた眼ではない。内に向けられるべき眼である。その眼の「見る」はたらきによってこそ「知る」ことが可能になる、そういう眼である。すなわち、真偽を見抜くことのできる眼のことを、私はいま言っている。

「…と見る」という表現があって、「見て…と思う」、「見て…と考える」の意味で用いられている。たとえば、「美しと見る」と言えば、「見て美しいと思う」の意味になるのだが、その場合、推理を重ねることで、「見る」から「思う」に移行するのではなく、移行は、もっと自然であろう。それは思考がすでに眼を、つまりは見るというはたらきを、自らのうちに備えているからではないか。

「見る」を意味したギリシア語の動詞〈eido, idein〉の名詞形としての「イデア(idea)」は、一般には外見や形態の意味で使われているものの、哲学用語としては、きわめて重要な意味を持っている。とりわけプラトン（Platon, BC427-347）の、世にイデア論とよばれている哲学思想において、そうであった。

「イデア」は、無論、「エイドス（eidos）」に深くかかわる。「エイドス」という語は、哲学の世界では、プラトン以前から、視覚の対象として見えるもの、外見や形の意味で使われてきた。紀元前五世紀頃には、この「エイドス」も、それと語源を同じくする「イデア」も、かなり広く用いられている。それが、やがて、ものの外観とは必ずしもかかわりのない意味を持つようになった。すなわち、視覚では捉えられぬ、いわば超感性的な「理念」の意味である。

視覚では捉えられないとなれば、それを捉えるのは、理性的な認識としての「エピステーメー（episteme）」ということになろう。「エピステーメー」とは、低次元の俗な意見でしかない「ドクサ（doxa）」とは明確に区別された意味での知識、認識であった。もっとも、ある主張がドクサか、それともエピステーメーかを見分けるには、よほど鋭い眼を持っていなければなるまい。

いま、「見分ける」と書いた。「見分ける」とは、無論、見て区別すること、見て識別することである。「分ける」は「別ける」に通じる。だが、また「分かる」にも通じる。そして、「別」と「分」、どちらの漢字でもいいが、分ければ、そこに隙間が生じる。おそらく、思い考える人の、その思考にとって、非常に重要な意味を持つ隙間である。

なぜなら、「すきま」は「隙間」とも「透き間」とも書くが、何かと何かとの間の空いているところであって、その空いているところこそが「間《ま》」である。それは時間的な意味での間でも、空間的な意味での間でもいい。間《ま》なくしては分けられないし、動きがとれない。そういう間《ま》こそが、思考にとっては、いわば通路になろう。世間では、そのような状況を、「間がいい」と言う。

漢字では「分かる」とも、「解る」とも、「判る」とも書くが、「わかる」は多様な意味を持っている。物事の意味を理解したり、物事を評価したりできるのも、はっきりしなかったことが明らかになるのも、融通のきく考えかたをするのも、離別するのも、「わかる」である。

その「わかる」と根を同じくするであろう「わかれる（別れる・分かれる）」も、人間関係では離別すること、もっと広い意味では、一つにまとまっていたものが別々になってしまうことを意味する。ただし、一つにまとまっていたものが離れ離れになるのは、必ずしも嘆かわしいことではない。「別れる」の意味での「分かる」ことで、見えてくるものがある。それはなぜか。分かれ離れたために、その分離した事物を繰り合わせて「くらべる（比べる・較べる・競べる）」こと、すなわち「比較」が可能になったからである。比較は、思考にとって、大きな役割を演じるはずである。

いささか唐突ではあるが、ここで、『伊勢物語』第二十三段の一節を引き合いに出したい。「筒井筒」の名で世に知られる、あの話である。男が幼馴染みの女を妻にしたいと思って、女に歌を送る。「筒井つの井筒にかけしまろがたけ　すぎにけらしな妹《いも》見ざるまに」。筒井の囲いの井筒の高さになればと願っていた私の背丈は、あなたを見ないうちに、井筒の高さを追い越してしまった。この歌に対して、女も歌で返す。「くらべこしふりわけ髪も肩すぎぬ　君ならずしてたれかあぐべき」。あなたと長さを較べあってきた私の振り分け髪も、もう肩を越えてしまいました。あなた以外の誰のために髪上げをするでしょうか。ご承知のとおり、この男女は、めでたく結婚することになる。互いに変わらぬ二人の思いのこもった、「くらべ」ようであろう。

「くらべる」という言葉は、「繰り合わせる」から出ているはずである。『伊勢物語』第二十三段のこの男女のように、相手の気持ちと自分の気持ちを「繰り合わせる」ことによってこそ、開ける地平があろう。その地平に立つことで、二人は等しくなっている。

ついでだが、くら（比・較）べることを意味するドイツ語〈vergleichen〉の原意は、「〈gleich〉ならしめる」、すなわち「等しからしめる」ことであった。また、「ひと（等）し」という和語の「ひと」は、「ひと（一）つ」から出ていると言われている。

その「一つ《ひと》」だが、これを副詞的に用いて、たとえば「お一つどうぞ」とか、「一つよろしく」といった使い方をする場合もある。その場合の「一つ」は、明らかに数詞ではなかろう。だから、言葉というものは難しい。難しいが、やはりここは一つ言葉を手掛かりにして、「わかる」の意味を考え続けることにしたい。

「わかる」は、「分かる」とも、「別る」とも、「判る」とも、「解る」とも書く。表記はともかく、何かを他と分けて区別できなければ、その何かが分かっていることにはならないのだ。自分の分かっていない事柄は、自分の思考とは距離を置いている。

ところで、いま「わかる」の表記に用いた四つの漢字を、一つ見ていただきたい。「分・別・判・解」の四つとも、確かに「わかる」と読める漢字には違いないが、それぞれ、いわば個性がある。たとえば、別離の意味での「わかれる」に使われるのは「分」と「別」だけ、その「別」も、理解するの意味で「わかる」と言うときには使われず、またその「別」が「わかれる」の漢字表記に用いられるのは人が別れる場合のみ、という具合である。漢字というものは、難しい。分かりにくいところがある。だが、それはそれとして、もうしばらく「わかる」にこだわっておきたい。

「わかる」には、複数の意味がある。少なくとも、第一に、物事の筋道、意味、価値などを理解できる、という意味。第二に、それまで明確ではなかった物事が、はっきり理解できるようになる、合点が行く、という意味。私はこの二つの意味が重要だと思っているが、さらに追加するとすれば第三に、世情に通じていて融通の利く思考ができるという意味、ということになろうか。この三つにさらに第四を加えることは、ここでは避けておきたい。

「理解する」の意味で使われる動詞は、英語では〈understand〉、ドイツ語では〈verstehen〉である。どちらも、「立つ」を意味する動詞を含んでいる。無論、英語では〈stand〉、ドイツ語では〈stehen〉の部分である。英語では、その「立つ」の前に、「…の下に」あるいは「…の内に」を意味する〈under〉が置かれ、ドイツ語では、その前に、ここではやはり「…の前に」の意味であろう〈ver〉が置かれている。「わかる」には、その場を漫然と通過せずに、そこでしっかり足を停めて、立っていることが必要なのである。

ドイツ語には、他に同じく「理解する」を意味する動詞として、〈begreifen〉がある。この動詞は他にも摑む、触る、含むなどの意味で使われるのだが、この語に由来する名詞に〈Begriff〉があって、「概念」を意味する。

概念は、いくつもの事物や事象に共通する特徴を包括的に捉えることによって形成される。そういった特徴を包括的に捉えるには、やはり「くらべる」こと、比較することが必要であろう。その比較の選択肢は、いつも二つとは限らない。二者択一なら秤りやすかろうが、いくつもの事象から選ばねばならない場合もあるはずだ。その場合、ある程度は選択肢を「分け」ておくことも必要になろう。「分ける」ことがあってこそ「分かる」、「分け」なければ「分から」ない、つまりは「分ける」が「分かる」に必須の前提条件になっている。

「分ける」とは、「隔てる」ことでもあろう。「分け隔て」という言葉もある。ドイツ語では〈Unterschied〉と言うが、この〈unter〉は、「…の下」ではなく、「…の間《あいだ》」を意味する。分け隔てるには、そこに「隔たり」としての「間《ま》」が入り込まねばならない。「間《ま》」あってこそ、隔てられ、分けられ、そして比べられる。ただし、間の取り方、間合いの計り方は、かなり難しい。

ここで、『万葉集』巻第十八から、大伴家持の歌（第四〇七六番）を引いておきたい。「あしひきの　山はなくもが　月見れば　同じき里を　心隔てつ」。山なんぞ無い方がいい。同じ里に住んでいるのに、この山のせいで、心と心が隔てられている。この「心隔てつ」の意味するところは、いわば心と心の間に壁ができてしまっていることであろう。ここでは山が障害物になっている。ついでだが、名詞の「へだて」を漢字で表記する際に用いられる文字に、「障」がある。

間《ま》ができて、隔てられて、分けられて、「わかる」。そう言ってしまえば、いかにも判りやすいように聞こえるが、そうそう簡単には行かないのが、人の心の働きようであろう。そして、私がいま問題にしている事柄は、思考の主体である心から、到底切り離し難い性質の事柄なのである。

いまここで私が思い考えているのは、「わかる」とはどういうことかである。「わかる」が簡単に「わかる」ものか、という思いもある。

さて、「わかる」と大いに関連のありそうな、「ものわかり」という言葉がある。試みに辞書に当たると、漢字での表記は「物分り」となっていて、「ものを理解すること。のみこみ」と解説されているのだが、その「もの」とは何か。無論、物体ではありえない。また、「もののし」という言葉もある。同じ辞書での漢字表記は「物物し」になっている。物体としての「もの」でも、人を意味する「者」でもない「もの」とは、一体、何であろうか。私は幸いにして、そんな「もの」をいとも簡単に受け入れるほど、単純ではない。

たとえば、この国の上代、軍事を以て朝廷に仕える有名な氏族があった。その氏族名を「物部《もののべ》」と言う。この「物」は武器、「部」は部族のことである。また、同じく上代、刑部省の管轄下に置かれて、罪人を処刑した役人なども、「物部《もののべ》」とよばれた。「物部」は、いわば朝廷に仕える部族の総称になってしまっている。

同じく上代から使われた言葉だが、「物思《ものおもふ》」とは、思いに耽る、思い悩むことであった。一例を『万葉集』巻第二から引けば、「大船の　泊《は》つる泊《とまり》の　たゆたひに　物思ひ痩せぬ　人の子故に」（巻第一第一二二番）とある。この歌に出てくる「物思《ものおもふ》」の「物」のような「もの」が、たとい漢字で「物」と書かれてはいても、それがたんに物質・物体としての「物」とは限らないのは、明らかであろう。

同じく上代から存在してきた語で、「ものがなし（物悲）」とは、何となく悲しいの意である。これも『万葉集』から一例を挙げておけば、巻第十九の大伴家持の歌に、「春まけて　もの悲しきに　さ夜更けて　羽振《はぶ》き鳴く鴫　誰《た》が田にか住む」（第四一四一番）。

私の思考の本筋からは離れるが、気になるので書いておくが、右の歌の冒頭の「春まけて」の「まけて」は、漢字を使えば「設《ま》けて」。「設く」とは、ある時期、ある季節を待ち受けることである。

さて、右の複数の例からも推測できると思うが、「もの」は単に物体を指すのでも、単に「者」としての人間を指すのでもなかった。「ものすごい」、「もの悲しい」、「ものの憂《う》い」等々の「もの」、さらには「もののけ（物の怪）」や「物語」の「もの（物）」も、そうだ。たとい漢字での表記が「物」であろうと、上代から現代にいたるまで、「もの」の意味するところは、物質・物体としての「物」に限定されるものではない。無論、「ものわかり」の「もの」もそうである。なんと、眼に見えない「もの（物）」の多いことか。「もののしい」の「もの」もそうだ。

ここで、「わかる」に戻る。「わかる」は、漢字を使って書けば「分かる」か「判る」だろう。いまは「分かる」が問題になっている。

「分かる」と「分ける」は同根のはずだが、さらに、「分ける」と「訳《わけ》」も、同根のはずである。その「訳《わけ》」とは、物事がどうしてそうなったか、そのいきさつ、事情、筋道、根拠、理由である。それを説明するには、事を分けて述べなければならない。事を分ける、その「分ける」が、人を「分かれる」か「分かる」に導く。

ここでもう一度だけ、上代での「分ける」の例を挙げておきたい。『祝詞《のりと》』中の「六月晦大祓」には、罪業が天《あま》つ罪と国つ罪とに法的に区別され、列挙されていて、それがすこぶる興味深いのだが、それはそれとして、その二種類の罪を「法《の》り別《わけ》て」という表現が使われている。法的に分けるの意味であろう。

ここで上代から一気に現代に飛ぶが、『広辞苑』に従えば、「別れる」という表記は、人がわかれる場合に使うのだそうである。となると、それ以外の場合は、「分かれる」ということになろう。確認しておくが、その「分かれる」が、いま、「わかる」ということとの関連で問題になっている。

一つであったもの、あるいは一まとめになっていたものが、別々になって、もはや元の状態に戻れなくなることが、「分かれる」と表現されているとすれば、「分かれる」に別離の意味合いが含まれることは理解できる。いささか不謹慎な例の出しようだが、たとえば夫婦の場合ならば、離婚か死別ということになってしまい、その別れたことによって、それまで気づかなかったことが「わかってくる」、あるいは「わかる」という状況もありえよう。だが、言うまでもなく、これは夫婦の場合に限ったことではない。

いずれにせよ、たとえば「わかる」という言葉の意味だけでも、「わかる」には、それなりの努力が必要なことは、「わかる」。

3 好む・学ぶ

「哲学」という語を日本に初めて登場させたのは、西周の『百一新論』（一八七四年）であった。明治初年にはさまざまに訳されていた「フィロソフィー」の訳語としてである。その「フィロソフィー」だが、ここで英・独・仏・伊の順に列挙してみると、〈philosophy, Philosophie, philosophie, filosofia〉。綴りに大差がないのは、すべてギリシア語の〈φιλοσοφια〉に由来するからであって、このギリシア語をローマ字で書けば、そのまま〈philosophia〉になる。以下、ギリシア文字はローマ字に変換して書くことにする。

ギリシア語で、「愛・好み」を意味する名詞は〈philia〉だが、それが〈philo〉に形を変えて、接頭辞になっている語が少なからずある。たとえば〈philopolemos（好戦的な）〉、〈philokalos（美しいものへの愛）〉、そして形容詞としては「言葉好きな・学問好きな」を、名詞としては「学者」を意味する〈philologos〉等。そして〈philosophia〉も、そのような語の一つとして「知への愛」、知を愛好することを意味している。ならば、「好《す》く・好《この》む」とはどういうことかが、哲学の基本として問われてもいい。

先ずは、動詞で「好く」、名詞で「好き」を取り上げてみたい。名詞の「好き」は、漢字で「数奇」と書かれることもある。

「好く」とは、どういうことか。どのような動きか。実は、いくつかの国語辞典に当たってみて驚いた。ほとんどの辞典が、まるで口を揃えたかのように挙げている二つの意味がある。一つは物事に興味を示す、もう一つは好色、この二つの意味である。好色ということになると、相手への好みはある程度あるにしても、そうそう真剣には相手を選ぶまい。無責任なところがあろう。そういう人物を、「好き者」と言う。

「好む」の方は、さして好色に執着していない。しかも、かなり古くから、と言うのは上代からという意味だが、かなり古くから使われてきた表現である。

宮中に仕える者が「大宮人《おほみやひと》」とよばれていた時代に、その大宮人たちを揶揄した、こういう歌が詠まれている。「さす竹の　大宮人は　今もかも　人なぶりのみ　好みたるらむ」。あの大宮人たちは、今でも相変わらず、人を苛めて喜んでいるのだろうか、という意味である。出典は『万葉集』巻第十五の第三七五八番、詠者は中臣朝臣宅守《なかとみのあそみやかもり》である。

ところで、この歌の末尾の「好みたるらむ」の「好む」は、明らかに、「好き者」たちの好《この》み方とは異なる。なぜなら、ここでは好みはただ人を苛めること、ただそれ一つだけに向けられている。言うなれば、選択的嗜好だからである。

他方、「好き者」の「好《す》き」だが、「好き」には「数奇《すき》」という表記もあった。ただし、「数寄」はたしかに「好き」なのだが、あまり色好みには向いていないようだ。こちらの「好き」方は、もっと風流であって、いわば風雅の道を歩いている。ところが困ったことに、「好き」を二度重ねて「好《す》き好《ず》きし」になると、好色であることと風流であることと、両方の意味を持ってしまう。

『源氏物語』の「若紫」で、或る僧都を相手に語っている源氏の言葉の中に、自分は「すきずきしきかたにはあらで、まめやかに聞ゆるなり」という表現が出てくる。谷崎潤一郎訳『源氏物語』では、「浮いた心からではなく、真面目《まじめ》にお伺い申すのです」となっている。この「すきずきし」、漢字を使えば「好き好きし」になろう。

『伊勢物語』の第四十段には、一途に女性を愛した男が登場する。若い男が女に思いを寄せた。男の親が女を追い払おうとする。男は「絶え入りにけり」。息が全く絶えるところまでは行かなかったが、気絶してしまった。親は慌てる。神仏に願を掛ける。おかげで、翌日の日没の頃になって、辛うじて意識が戻った。この第四十段は、「むかしの若人は、さるすけるもの思ひをなむしける。今の翁まさにしなむや」と話を結んでいる老人が、実は他ならぬその昔の若者という仕掛けになっている。ここで出てくる「さるすけるもの思ひ」とは、どういう意味だろう。「さる」が「そのような」の意味であることは、明らかであろう。「もの思ひ」も、意味は一応はっきりしていよう。とすれば、残るのは「すける」ということになる。漢字で表記すれば、「好ける」であろう。現代なら、「好いていた」と言うところか。この第四十段で語られていたのは、好きになったら命懸け、一途に恋に突っ走った若者の話である。

「好き」の対象は、恋人とは限らない。対象が、趣味や芸道の場合もあろう。対象が何であれ、その気に入った対象に向かって、心がひたすらに走る。一途に走る。

「清涼殿の丑寅の角《すみ》の」で始まる長文の『枕草子』第二十段、やがて終わろうという箇所に、「すきずきしう、あはれなることとなり」という言葉が出てくる。語り手は中宮である。この「すきずきし」は、かりに「好き好きし」と表記されようと、色好みとは全く無関係である。好色が「あはれなる」わけはない。ここでの「すきずきし」は、風流であること、風雅であることの形容と見るべきであろう。

先に『万葉集』から、「人なぶりのみ　好みたるらむ」大宮人たちを詠んだ歌を引いた。人を苛めることが、彼らの「好み」であった。彼ら自身にとっては楽しい、良いと思っている、その「好み」は、「趣味」と言い換えてもよかろう。趣味は、専門家としてではなく、むしろ専門外の素人として楽しむべきものであろう。ところで、その「趣味」には、「味」という文字が含まれている。となると、ここで「好み」と「味」との関連が気になってくる。

たとえば英語で〈taste〉と言えば、飲食物の「味」も意味するが、また「趣味」も意味する。同じく英語の〈tooth〉には、「歯」と並んで「好み」の意味がある。ドイツ語の場合、「好み・趣味」を意味する〈Geschmack〉という名詞は、「舌に感じる・味わう」の意味の動詞〈schmecken〉に由来する。また、同じく「好み・趣味」の意味のフランス語の名詞〈goût〉は、やはり「味わう・楽しむ」、そして「好む」の意味を持つ動詞〈goûter〉に由来している。フランス語の場合、やはり「好み・趣味」を意味する名詞に、〈préférence〉があるが、これは動詞〈préférer〉から出ている。この動詞、選択的評価として、〈préférer A à B（BよりもAの方が好きだ）〉というような使い方をする。現代日本語で「味のある」と言えば、面白味のある、あるいは趣味のいい、気のきいている状態の形容であろう。そのような状態を、「味わい深い」とも形容する。味が問われるのは、なにも飲食物だけのことではない。『日葡辞書』（一六〇三年）も「味」を興味、面白味の意味でとらえていたことが、その用例に「ガクモンノアヂニノル」という表現が出てくることから分かるが、この辞書を含めて、「味」の古訓は「あじ」ではなく「あぢ」、もしくは「あぢはひ」であった。『風土記』や『日本書紀』を見ると、「あぢ」よりも「あぢはひ」の方が多いようである。

「味」の字ばかりではない。たとえば『日本書紀』巻第二十二の、あの有名な「憲法十七条」の第五条に出てくる「饗」は、それ一字だけで、なんと「あぢはひのむさぼり」と訓まれている。まことに「あぢはひ」の深い訓である。

ついでだか、「あぢはひ」には、ものそのものの味と、それを味わうことと、二つの意味があった。その「あぢはひ」の動詞形は、無論、「あぢはふ」である。

昔、夫婦が都から地方へ旅立つ親しい人を招き、送別の宴を開いた。妻が、女性用の衣装を相手に被せようとする。夫が妻に代わって歌を詠んで、その衣装の腰のところに結び付けさせる。「出でてゆく　君がためにと　ぬぎつれば　我さへもなく　なりぬべきかな」。その歌の面白さに感動した相手は、「腹に味はひて」、返歌は詠まなかった。『伊勢物語』第四十四段である。この話をしめくくる末尾の言葉、「腹に味はひて」がいい。こういう「あぢはひ」がいい。

鴨長明の『方丈記』の第二段には、彼が都で体験した大火災のことが語られているが、その語り口からも、相当な大火だったことは分かる。この火災による都の被害について書いた後、長明は次のように記している。

「人のいとなみ、皆愚かなる中に、さしも危ふき京中の家を作るとて、宝をつひやし、心を悩ます事は、すぐれてあぢきなくぞ侍る」。どうせ人のいとなみは、すべて愚かには決まっている。それでも、これほどに危険な都の中に家を建てようとして、財宝をついやし、心を悩ますことは、この上なく「あぢきない」ことだ。長明がそう書いている、その「あぢき」の漢字表記としては、現代この国に生きている者なら「あじけ」と訓むに違いない「味気《あぢき》」以外には、先ず考えられまい。

その上で、たったいま引用したばかりの「人のいとなみ……」に戻るが、ここで鴨長明が「味気なく」で表現しようとしているのは、彼が、どうせそのうち火事で焼けてしまう可能性の高い都に、大金をかけて家を新築しても無駄なことだ、つまらないことだと思っている、その気持ちであろう。そのように「味」や「味気」を否認することで、つまらない、無駄だと思っている自分の気持ちを示す表現のしかたは、現代にまで引き継がれている。無論、それとは逆に、「味」や「味気」を認めることで、相手への共感が示される表現も残っている。

たとえば、一風変わっている、気の利いている、趣きのある人物は、「味な」人である。手際の良い仕事ぶりを評して、「味をやる」と言う。ついでだか、この「味な」と同じような意味を持つ表現に「乙な」があって、邦楽で太鼓や小鼓が用いられるようになり、その鼓を打つときに出る、「甲《かん》」よりも一段と低い音を「乙《おつ》」とよんだのが起源のようである。ならば、低音の魅力に「乙」が結びついて、「乙な」という表現が出てきたことになろう。一風変わった、趣きのある様子が、「乙な味」と評される。

その様子が自然ならいいが、不自然な場合には、「乙に気取っている」と批評されることになろう。ここで「気取る」とは、他人の「気を取る」ことではないか。周囲を意識しながら、他人を表面だけ真似て、いかにも尤もらしく振る舞うことであろうが、真似は、所詮、上面《うわつら》だけの模倣でしかありえまい。

真似の巧い鳥がいる。ご存知、鸚鵡である。人に言われたことを、そっくりそのまま言い返すことを「鸚鵡返し」と言うくらいに、真似が巧い。

鸚鵡を、英語では〈parrot〉と言う。この語は、他人の言葉を意味もわからずに繰り返す人をも意味する。〈parrotcry〉は、無意味に口癖のように繰り返される叫び声である。そして、〈parrotry〉とは、卑屈な模倣、受け売り、鸚鵡返しのことである。ついでだが、ドイツ語では「鸚鵡」は〈Papagei〉だが、他人の言葉を鸚鵡返しに繰り返す人、更にはお喋りな人をも意味する。

さて、「鳥は」で書き出される『枕草子』第三十八段、「異《こと》どころのものなれど」、異国から伝来した鳥ではあるが、「鸚鵡、いとあはれなり。人のいふらむ言《こと》をまねぶらむよ」。この「まねぶらむ」の含む「まねぶ」という言葉は、無論、「真似る」の意味で使われている。その意味で使われてはいるのだが、「まねぶ」は、漢字混じりでは「学ぶ」と書かれるのが普通であった。つまり、「まねぶ」と「まなぶ」との間には、障壁は存在しなかった。と言うより、実際、「まなぶ」の第一歩は「まねぶ」であった。「まねぶ」ことそれ自体は表面的な模倣には違いないが、先ずは「まねぶ」ことから、「まなぶ」ことが始まった。

「まねぶ」は、「真似《まね》」を動詞化した言葉である。その限りでは、「真似ぶ」と書いてもおかしくはないのだが、実際には「真似ぶ」とは書かない。代わりに、「学ぶ」と書いて「まねぶ」と訓ませることはある。外国語の発音を学ぶ時などは、まさに鸚鵡返し風に、しかも何度も繰り返して「まねぶ」ことが不可欠であろう。だから、単純に、「まねぶ」がいけないとは言えまい。

他方で、無論、「まねぶ」と「まなぶ」との間には、大きな距離、大きな「隔て」が介在していて、それを越えるのは、容易ではない。鸚鵡には、この他人の真似だけでは越えられない「隔て」を埋めて、「まなび」を真に自分のものにすることはできまい。だから「鸚鵡、いとあはれなり」なのだが、この清少納言の言葉が当てはまる存在は、はたして鳥類に属する鸚鵡だけであろうか。人間の顔を持つ鸚鵡も、まことに嘆かわしいことながら、哲学の世界にも数多く棲息しているのではないか。これが世の「ならひ（慣ひ・習ひ）」というものなのであろうか。

『方丈記』の冒頭部分に、「朝《あした》に死に、夕《ゆふべ》に生まるるならひ、ただ水の泡にぞ似たりける」と書かれた、その「ならひ」も、世のならい、世の常を指していよう。

「ならひ」には、大別して少なくとも三つの意味がある。第一に習慣、習俗、第二に世間での決まり、しきたり、ならわし、世の常、そして第三に由緒、いわれ、古くからの言い伝えである。たとえば、この三つのうち、第一の意味が更に発展して、習慣づけたり、馴れさせること、習わせることをも意味するようになったのも、やはり「世の習ひ」と言ってよいであろう。

もう少々、「まねぶ（学ぶ・真似ぶ）」と「まなぶ（学ぶ）」にこだわっておくが、「学ぶ」と書いて、「まなぶ」とも「まねぶ」とも訓む。どう訓まれるにしても、真似をする、習ったとおりに行うという意味は、無視することができない。「習ひ」とは、幾度も繰り返して、教えられた通りに真似て練習して身につけることには相違ない。

そして、「まねぶ」も「まなぶ」も、言葉としては「まね（真似）」と同根であって、その動詞化と見なしていい。

『徒然草』第二百二十六段に、『平家物語』の作者が、行長入道《ゆきながにゅうだう》の名で登場する。「この行長入道、平家物語を作りて、生仏《しやうぶつ》といひける盲目に教へて語らせけり」。ここで「盲目」とは、盲目の琵琶法師のことである。そして、『徒然草』を書いた兼好は、この段をこう結んでいる。「かの生仏が生まれつきの声を、今の琵琶法師は学びたるなり」。ここでの「学びたる」で作者が言おうとしている「学ぶ」とは、明らかに、真似て習得して再現することであろう。

たしかに、学ぶことは真似ることから始まる。『枕草子』第三十八段で紹介された鸚鵡もそうだったろうが、たしかに、学ぶことは真似ることから始まる。問題は、何時、何処で、いかに、その真似から抜け出すか、飛び立つかではないか。真似の反復だけならば、鸚鵡でも巧くできる。

もっとも、真似が巧いのは鸚鵡だけではない。ここで『万葉集』巻第三から、真似の上手な別の動物を引き合いに出しておけば、「あな醜《みにく》　賢《さか》しらをすと　酒飲まぬ

人をよく見ば　猿にかも似む」（第三四四番）。詠んだのは、大伴宿禰旅人《おおとものすくねたびと》。「賢しら」とは、本当は賢くないのに、自分では賢いと思っている者の言動を指す言葉である。その態度が猿に似ている、ということを、詠者は言っている。

たとえば「猿まね」、「猿智慧」、「猿賢い」などという表現がある。「猿智慧」は、単なる智慧ではなく、こざかしい浅はかな智慧だし、「猿賢い」も、小賢しい、悪賢いという意味合いが強い。そっと密かに人の様子をうかがう目つきを、「猿目」と言い、自らを省みずに他人の欠点を嘲笑うことを、「猿の尻笑い」と言う。「猿に烏帽子《えぼし》」は、自分に相応しからぬ服装や言動のことだ。すぐに見透かされるような浅はかな企みは、「猿芝居」と評される。

フランス語で猿のことを〈singe〉と言うが、この名詞は他人の真似をする人、つまり猿真似をする人の意味でも使われる。同じフランス語で〈singerie〉と言えば、猿のようなおどけた身振りやしかめ面のことである。さらに、〈singe〉から出た動詞に〈singer〉があり、猿まねをする、物まねをする、そして「…のふりをする」ことを意味する。ついでだが、英語で「猿」は〈monkey〉だが、英語と言うよりは米語の〈monkey shine〉は「いんちき」、〈monkey business〉は「いんちき」「ごまかし」「いやがらせ」の意味で使われている。

おそらく誰もが経験していることであろうが、「まなぶ」は「まねぶ」から始まる。「まなぶ」と「まねぶ」とは同根、つまり根は一つなのだ。そのこと自体は、否定のしようもない。だが、根は同じであっても、「まねぶ」から始まった道が「まなぶ」に通じるのは、そう容易なことではない。そう容易なことではないが、真似だけで終わってはなるまい。真似に熱中しているうちに、猿も木から落ちる。

まして、その「まなび」の目標、学びたい事柄の本質が、自分自身の思考から切り離されたところには、つまり客観的な対象としては存在しえないことが明らかな場合、従って自らの「まなび」の目標を自らの思考の対象として自らの思考の外に置くことのできない場合には、当然のことではあるが、最初は自分と同様に「まねぶ」者がいかに多数であったにしても、やがて猿たちは次から次へと木から落ちてしまって、辺りを見回せば、もはや「まなぶ」のは自分自身のみ、ということになっているのではないか。とするなら、一旦、哲学という道を歩もうと心に決めたからには、思い考える人は、敢えて索漠とした一人旅を、自分独りの孤独な思考の旅を続けていくことを、あらためて自ら覚悟すべきではないであろうか。

いま「自ら」という言葉を使ったので、ここで念のために書いておきたいのだが、「自ら」は「みづから」とも「おのづから」とも訓む。ただし、その訓み方によって、かなり意味が異なってくる。「みづから」なら「自分から・自分自身で」の意味だが、「おのづから」なら「自然に・ひとりでに」の意味である。そして、言うまでもあるまいが、「自ら覚悟すべき」と書いたのは、「自分から・自分自身で覚悟すべき」の意味においてである。

ところで、「好《す》く」の本来の意味は、心が或る対象に向かって一途になることだとするのが、どうやら通説のようである。その対象が異性ならば恋愛になろうし、芸能や文学の類ならば風流の道に心を寄せることになろう。いずれの場合も、対象を「良し」と思わなければ、好くこと、好むことはありえまい。

そして、対象が何であれ、人であれ物であれ事であれ、好きなればこそ、心は一途になって、その対象の方に向いている。好きなればこそ、心は飽きることなく、その対象に少しでも近づこうとする。好きなればこそ、一つの芸、一つの道をめざして努力することによって、遂にはその道の上手になる。上手とは、手際良く巧みなことである。「好きこそものの上手なれ」、あるいは「好きこそ道の上手なれ」という俚諺もある。

さて、ここで「好く」から「愛《め》づ」に移っても、唐突ではあるまい。「好く」から「愛づ」は、そう隔たってはいない。

「黄葉《もみぢば》の　散らふ山辺《やまへ》ゆ　漕ぐ船の　にほひにめでて　出《い》でて来《き》にけり」。『万葉集』巻第十五の第三七〇四番、詠者は「対馬の娘子《をとめ》。名は玉槻《たまつき》」とある。「にほひ」とは、「匂い」ではない。ここでは、黄葉の色の漂い出るような美しさを言い、その「にほひ」に「めでて、私は出てきたのです」と、この女性は詠んでいる。さて、この「めでて」の原形は、「めづ」に相違ない。漢字を使えば、「愛《め》づ」である。その「愛づ」とは、美しさ、素晴らしさなどに感動する、心ひかれる、魅せられる、賞美する、賛嘆する、好むといった気持ちを表現する動詞であった。その「愛づ」から現代語の「愛《め》でる」が出ていること、言うまでもあるまい。また、同じ「愛《め》づ」から出た、ただし現代語の「愛《め》でる」よりも古い言葉に、「愛《め》でたし」がある。何らかの対象を、優れている、素晴らしい、と思う気持ちの表現である。

また、愛し敬うことを意味する言葉に、「愛敬《あいぎやう》」がある。現代流に発音すれば「あいぎょう」である。元はと言えば、「いつくしみ敬う」という意味の仏教用語であって、「敬愛」とも言った。そして、「愛敬」はと言えば、古くは「敬」を濁音で「ぎやう」と訓んでいたのが、近世には清音化して「あいきやう」になり、時には、漢字で「愛嬌」とも書かれるようになった。

「愛」とは、相手が人であれ、動物であれ、植物であれ、何であれ、その相手の良さを認めて、相手をいとしいと思い、気に入り、「好き」、すなわち自分の心を相手に向かわせ、可愛がり、大切にする気持ちではないか。そして、ここで思い出されるのが、この国で「哲学」と訳されるようになった〈philosophia〉というギリシア語が、「知への愛」を意味していたことである。

キリスト教は、日本での布教に当たって、神の智慧、更にはキリストのことをも意味する〈sophia〉の訳語として、「上智」を選んだ。この国では、「上智」は「下愚《かぐ》」

の反対語として用いられてきた。たとえば『太平記』巻第三十九の冒頭の一文中に、「上智は少く下愚は多ければ」とある。現代なら「優れた智恵者は少なく、とんでもない馬鹿者は多いから」と書くところであろう。「上智」は「上知」とも書く。日本に馴染みの深い『論語』の巻第九「陽貨第十七」には、「子曰、唯上智与下愚不移（子《し》いわく、ただ上智と下愚とは移らず）」とある。とびきり優れた賢者とどん底の愚者との間には、移動はありえない。

いま私は、ここまでの自らの思考のいわば出発点に立ち戻ることになるのだが、「フィロソフィア」が「知への愛」を意味した、その「知（sophia）」とは、また「愛（philia）」とは何であったかを、ここで、確認しておくべきであろう。

事柄を理解しやすくするために、英語を利用するが、ここで「知」とは、〈wisdom〉であって、〈knowledge〉ではない。〈wisdom〉は、〈wise〉すなわち「賢い」に通じて、いわば賢者の智慧であるが、〈knowledge〉は、〈know〉すなわち「知る」という行為の積み重ねから出た結果の、更なる大量の積み重ねにすぎない。それが無駄だと、私は言っているのではない。そうではないが、思考にとって主体的な意味を持つのは、断じて客観的な知識の量ではあるまい。

主体的に思い考える人に必要なのは、いわゆる物知りの誇る既存の客観的な知識ではない。まして、そのような知識を溜め込んで、他人に見せびらかすことではない。他人の眼にどう映るかなどということは、末梢的な事柄であろう。自分が生きている限りは、自分自身で、一体どこまで賢者の智慧を目指して思い考え続けて行くことができるか、そこに自分の生きている意味が懸かっているのではないか。

久野　昭（くの　あきら）
広島大学名誉教授
国際日本文化研究センター名誉教授

二〇一六年四月三十日　発行
哲学の基本
著　者　久野　昭
発行者　岸村正路
発行所　株式会社南窓社
〒一〇一—〇〇六五
東京都千代田区西神田二—四—六
電　話　〇三—三二六一—七六一七
ＦＡＸ　〇三—三二六一—七六二三
E-mail nanso@nn.iij4u.or.jp

ISBN 978-4-8165-0433-4

久野　昭　著訳書

歴史哲学叙説	1966年10月刊	四六判	本体価格 1000円
反体制の論理	1969年10月刊	四六判	700円
死と再生	1971年9月刊	A五判	1700円
神なき時代の神秘思想	1976年2月刊	A五判	1800円
比較と解釈	1980年1月刊	A五判	2600円
鏡の研究	1985年10月刊	A五判	2600円
遊びと日々	1994年2月刊	A五判	2718円
日本に来た達磨	1998年10月刊	A五判	2800円
H·マイアー／C·A ベッティガー著 カッサンドラー掠奪	2008年3月刊	A五判	3200円

南窓社刊